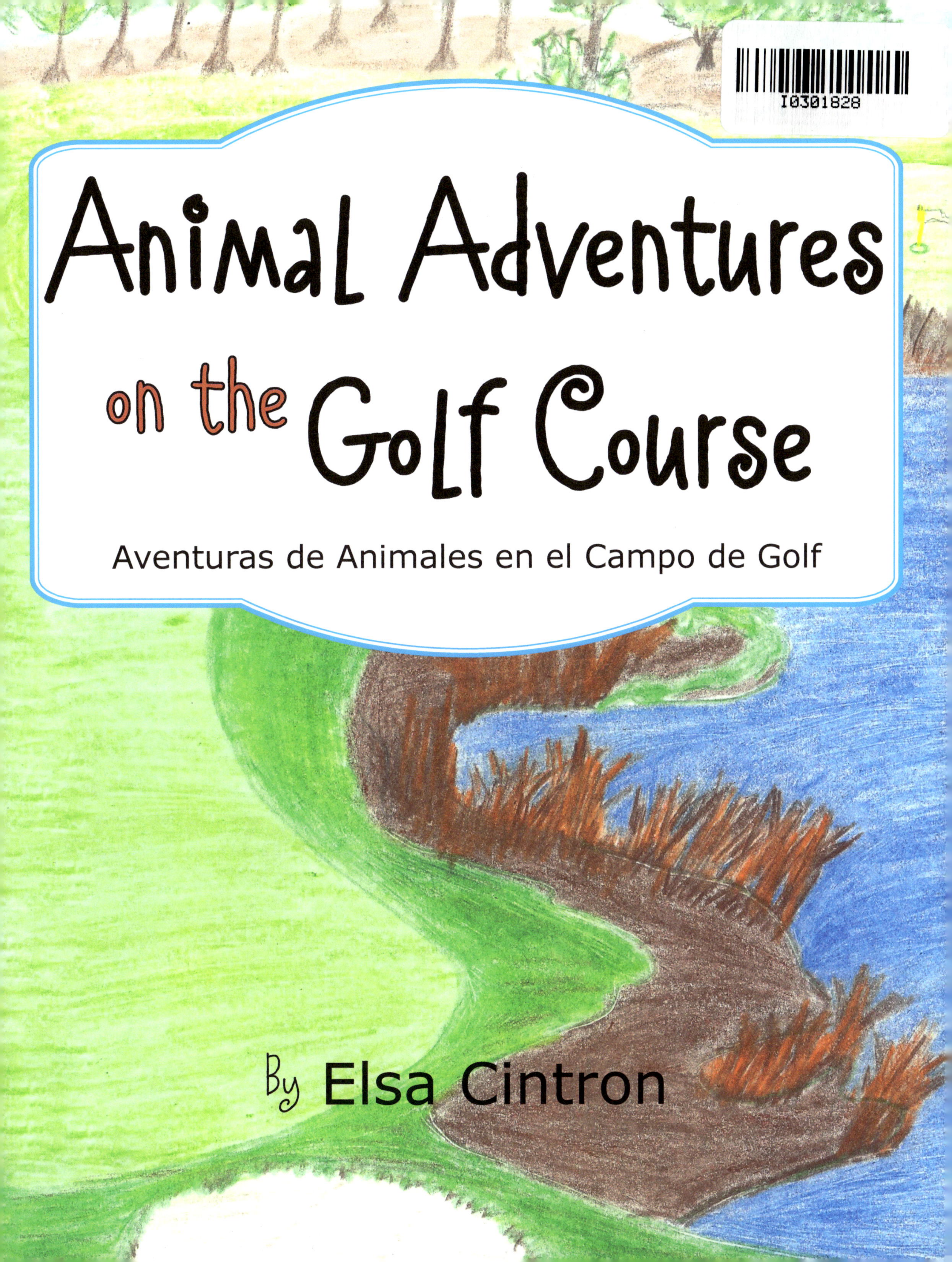

Animal Adventures on the Golf Course

Aventuras de Animales en el Campo de Golf

By Elsa Cintron

This book is a great way to introduce your child to the Spanish language. You and your child will enjoy an adventure book filled with colorful pictures of animals. So stretch out on the rug together, sit in a comfy chair or find a bench out in the yard with your little one and enjoy reading about the adventures of these animals on the golf course.

Este libro es una gran manera de introducir a su hijo a la lengua española. Usted y su hijo disfruten de este libro de aventuras Lleno de imágenes coloridas de animales. Tirese en la alfombra de la sala, sientese en una silla cómoda o bien un banco en el jardín con su pequeño y disfrute de la lectura de las aventuras de estos animales en el campo de golf.

Copyright © 2013 Elsa Cintron
All rights reserved.

ISBN: 0972493808
ISBN 13: 9780972493802

Library of Congress Control Number: 2013911799
CreateSpace Independent Publishing Platform
North Charleston, SC

To all my grandchildren and great-grandchildren:

Jordan Duran, Eileen Duran, Hector Duran, Daniela Duran, Isabela Martina Duran, Alexa Bolding, Michael Kraemer, Gabriele Duran, Anthony Coplon, Morton Coplon, Kimberly Coplon, Skyler Terebieniec, Joey Terebieniec, Jasmen Elsa Cintron, Errol Duran Jr., Nathan Alexander Duran and Mishelle Kraemer

And a heart-felt thank-you to Drew Moss, Corey Motto - and Ava Szlabowicz, three wonderful seven year olds for helping me read *Animal Adventures on the Golf Course* to the children of Lee County.

Quisiera dedicarle este libro a todos mis nietos y nietas y mi bisnieto y mi bisnieta:

Jordan Duran, Eileen Duran, Héctor Duran, Daniela Duran, Isabela Martina Duran, Alexa Bolding, Michael Kraemer, Gabrielle Duran, Anthony Coplon, Morton Coplon, Kimberly Coplon, Skyler Terebieniec, Joey Terebieniec, Jazmín Elsa Cintron, Errol Duran Jr., Nathan Alexander Duran y Mishelle Kraemer

Quisiera también dar gracias a Drew Moss, Corey Motto y Ava Szlabowicz tres maravillosos niños de siete años, por ayudarme a leer el libro *Aventuras de Animales en el Campo de Golf* a los niños de Lee County.

Todos los Animales estan disfrutando de un gran juego en una tarde soleada y hermosa.

Jasmen, the curious red bird, is a spectator. She likes to fly from tree to tree watching her friends playing.

Jazmín, la curiosa ave roja, es una espectadora. A ella le gusta volar de árbol a árbol mirando a sus amigos jugando.

Michael, the blue dolphin was very happy when the golf course was built next to his home. His dad now takes him to play every day.

Michael, el delfin azul estuvo muy feliz cuando el campo de golf fue construido al lado de su casa. Ahora, su padre lo lleva a jugar todos los días.

8 (Ocho)

Jordan, the green frog, can jump very high. He's a great help to the players because he can catch and return the balls that fly into his pond.

~~~

Jordan, la rana verde, puede brincar muy alto, el es una gran ayuda para los jugadores. El puede agarrar y devolver las pelotas de golf que vuelan en su estanque

10 (Diez)

Hector, the little brown bear, takes regular breaks from practice to eat lots and lots of honey so that he can grow up big and strong and play golf like his dad.

Hector, el osito marrón, toma descansos regulares de prácticas, para comer montones y montones de miel. El va a crecer grande y fuerte y jugar al golf como su padre.

Gabrielle, the fluffy black kitten, tends to preen after a game of golf. She smoothes any out-of-place fur with her tongue.

Gabrielle, la gatita negra, suave y esponjosa, tiende a arreglarse después de un partido de golf. Ella se lame la piel con su lengua.

Anthony, the orange lion, refreshes himself with a nice cold drink after a rigorous day at the golf course.

Anthony, el león anaranjado, se refresca con una bebida fría agradable después de un día riguroso en el campo de golf.

Nathan, the energetic pink piglet, enjoys a lazy time at the mud house after a long game of golf.

Nathan, el cerdito rosado enérgico, disfruta de un momento de descanso en la casa de barro después de un juego de golf.

Isabela Martina, Alexa and Daniela, the gray elephants, anxiously look forward to playing golf every weekend with their daddy.

Isabela Martina, Alexa and Daniela, las elefantes grises, esperan ansiosamente los fines de Semana para ir con su papá a jugar golf

Mishelle, the elegant white swan, assists Jordan, the green frog, in retrieving golf balls that lose their way and splash into her pond.

Mishelle, la cisne blanca, asiste a Jordan, la rana verde, a recuperar pelotas de golf que pierden su camino y chapotean en su estanque.

Errol, the purple gecko, loves to play golf, but he does not know how to play. Errol spends most of his time trying to find his missing golf balls.

Errol, el púrpura geco, le encanta jugar al golf, pero él no sabe jugar. Errol se pasa la mayor parte de su tiempo tratando de encontrar sus pelotas desaparecidas de golf

Kimberly, the delicate yellow butterfly, likes landing on young girls' noses, carrying golf balls she catches from the golfers below.

Kimberly, la delicada mariposa amarilla, se detiene, sin pensar, en las narices de las niñas para saltar luego y agarrar las pelotas de golf que se pierden en lo alto.

Eileen, the funny little gold mouse, jumps up and down every time she makes a hole in one.

Eileen, la graciosa ratita de oro, salta arriba y abajo cada vez que se hace un hoyo en uno.

Morton, the gigantic silver alligator, does not mind sharing golf tips with the younger gators and their friends; all the animals had a fun day in their activities.

Morton, el gigante cocodrilo de plata, disfruta compartiendo sus conocimientos de golf con sus amiguitos; todos los animales tuvieron un dia de diversión durante las actividades.

Hello! I hope you had fun reading this book; I sure enjoyed creating it for you. A recording of this book was made for you. Would you like to hear how the Spanish words sound? Ask your mom or dad to order the CD for Animal Adventures on the Golf Course from Cintron Books (239) 994-0378 or 904 (624) 5840 they can order online elsacin@ymail.com or any bookstore in your area.

Colors / Colores	**Animals / Animales**
Red / Rojo	Bird / Ave
Blue / Azul	Dolphin / Delfin
Green / Verde	Frog / Rana
Brown / Marrón	Bear / Osito
Black / Negro	Kitten / Gatita
Orange / Naranja	Lion / León
Pink / Rosado	Piglet / Cerdito
Gray / Gris	Elephant / Elefante
White / Blanco	Swan / Cisne
Purple / Púrpura	Gecko / Geco
Yellow / Amarillo	Butterfly / Mariposa
Gold / Oro	Mouse / Ratita
Silver / Plata	Alligator / Cocodrilo

About the Author

Elsa Cintron was born in Puerto Rico, and now lives in southwest Florida. She has three adult children, fifteen grandchildren, and two great - grandchildren.

The Author created the illustrations as well as the story for *Animal Adventures on the Golf Course: Learning Animals and Colors in English and Spanish. (Aventura de Animals en el Campo de Golf. Aprendiendo de los Animales y los Colores en Inglés y Español)*.

Golf Quotes

"Something really clicked on the day I finally discovered the meaning of playing within myself.-Ever since, the game has seemed a lot easier." **Tiger Woods**

"I read the greens in Spanish, but putt in English" **Chi Chi Rodriguez**

"The ball went miles, and miles, and miles." Alan Shepard, admiring his golf shot on the moon. **Alan Shepard**

"After hitting his famous 6-iron shots on the moon, astronaut Alan Shepard received the following cable from a rules aficionado: "Please refer to rules on golf etiquette, paragraph 6. "Before leaving a bunker, a player should carefully fill up all holes made by him therein."

"Practice puts brains in your muscles." **Sam Snead**

"Play every shot so that the next one will be the easiest that you can possibly give yourself." **Billy Casper**

"Take less time to read the scorecard and more time to read the hole." **Chi Chi Rodriguez**

Citas de Golf

"Un día, algo realmente me sorprendió cuando finalmente descubrí en mi mismo lo que es jugar. Desde entonces, los juegos me parecen mucho más fáciles." **Tiger Woods**

"Yo leo las posibilidades en Español, pero las coloco en Ingles." **Chi Chi Rodríguez**

"La pelota se fue millas, millas y millas." Alan Shepard, se quedo admirado de su tiro en la luna. **Alan Shepard**

Después de tirar sus famosos tiros en la luna, el astronauta Alan Shepard recibió el siguiente cable de un aficionado en reglas, "De etiqueta de golf, párrafo 6 "Antes de salir del bunker, el jugador debería llenar todos los hoyos hechos por el mismo."

"La practica pone la mente en los músculos." **Sam Snead**

"Juega cada tiro para que el próximo sea el más fácil que posiblemente pueda ofrecerte." **Billy Casper**

"La madera está llena de largas directrices." **Harvey Penick**

"Toma menos tiempo para leer la tarjeta de puntuaciones y más tiempo para leer el hoyo." **Chi Chi Rodríguez**

My thanks and appreciation go out to all the professional PGA tour golfers of the 2001 Championship Tournament at Sawgrass who autographed my book, Animal Adventures on the Golf Course.

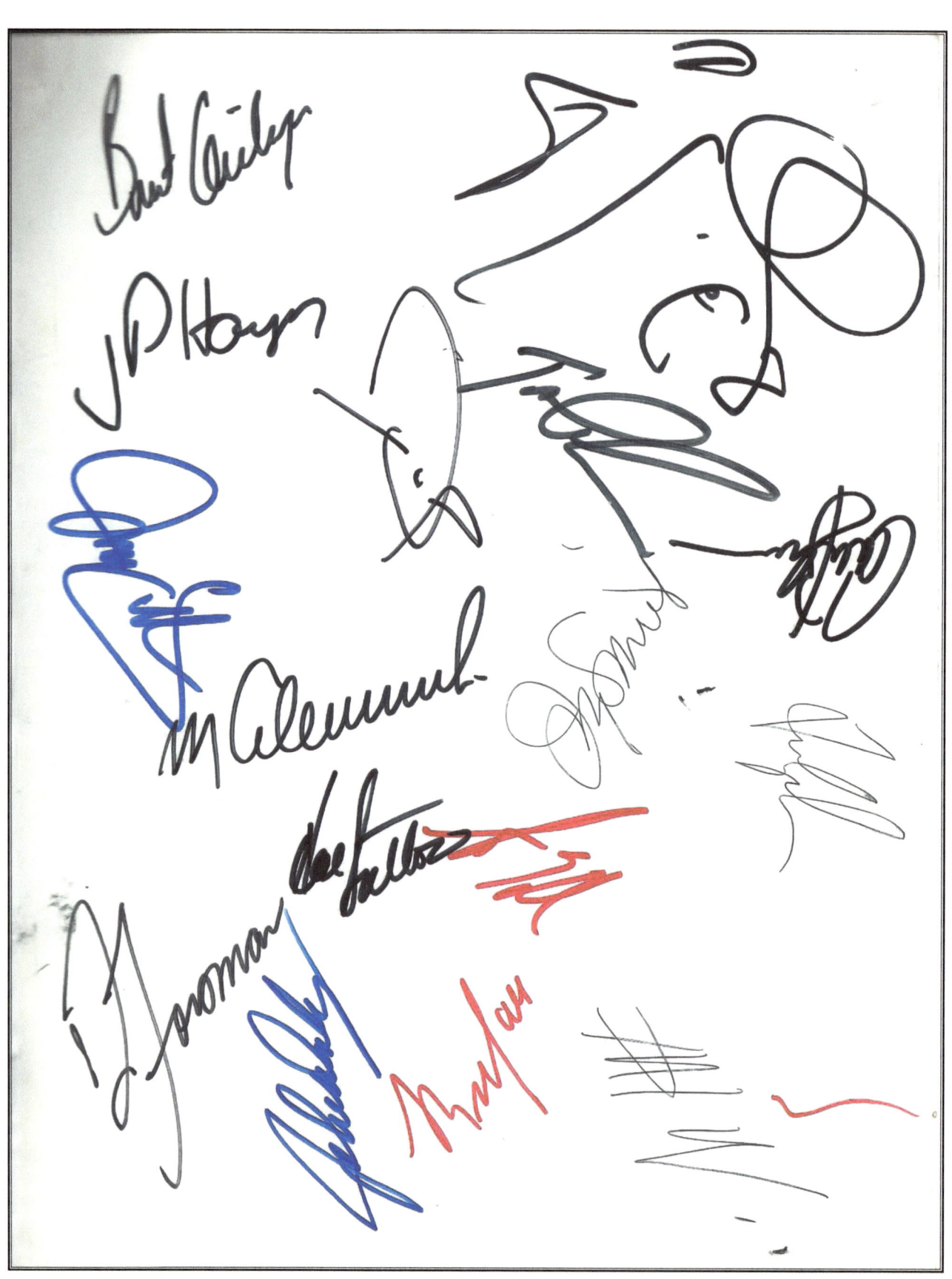

Mis gracias y apreciación salen a todos los golfistas de viaje de PGA profesionales del Torneo de Campeonato 2001 en Sawgrass quienes firmaron mi libro, Aventuras de Animales en el Campo de Golf.

The remaining pages have been left intentionally
blank for coloring and notes.

Las páginas restantes han sido dejadas intencioenadamente
en blanco para colorante y notas.